D1828757

SCHÖNHEIT DES ALTERS

SCHÖNHEIT DES ALTERS

Johannes Heesters

fotografiert von Simone Rethel

Mit einem Grußwort von Prof. August Everding
und Texten von Beatrix Ross

BSV
Burgschmiet Verlag

Vorwort

Für sein Gesicht ist jeder selbst verantwortlich. Ja, aber das Gesicht ist auch eine Antwort auf das Gesehene, Erlebte, Erduldete, Ertragene, Verkraftete. Manche verstecken sich hinter ihrem Gesicht, das dann eine Larve, eine Maske geworden ist. Sie scheuen sich, die Eindrücke auszudrücken. Johannes Heesters hat vielen Personen, vielen Rollen, vielen Schicksalen das Gesicht geben müssen. Er hat verkörpern müssen, was nicht eigentlich sein Körper war. Aber, er hat es geschafft, sein Gesicht zu bewahren und zu erhalten. Ein Gesicht, das allen Betrachtern eine große Hoffnung verleiht. Die Hoffnung, daß das Altern kein Vergreisen sein muß, daß die Gesichtstafel offen geblieben ist für alle neuen Eingravierungen, daß es lebt, obwohl das Leben sich schon auf die letzte große Wanderschaft anschickt. So ein Gesicht ist auch eine Gnade. Diese Bilder zeigen eine Neugier auf das Leben, zeigen einen Widerschein des fröhlich Erlebten. Sie zeigen die großen offenen Augen eines Weisen, der die Oberfläche durchschaut hat. Aber dieses Gesicht fragt auch: „Was kommt noch, was wird noch sein?" Vor dem Unsinn dieser Welt und seinen Nichtigkeiten bedeckt Johannes Heesters sein Gesicht, nein, das will ich gar nicht sehen, das könnte meiner „Ansicht" schaden. Und dieses Gesicht zeigt, daß

Professor August Everding

dieser Mensch noch denkt und nachdenkt, nicht nur über das, was noch geschehen wird, sondern was sein wird, wenn diese Augen sich für immer schließen. Aber auch der Widerspruch ist abzulesen, die Ablehnung des Billigen, des Äußeren: „So bin ich und nicht anders, Euren Moden verschließe ich mich, weil ich der bleiben will, der ich bin." Diese Bilder beweisen, daß Schönheit nicht von der Jugend gepachtet ist. Schönheit muß sich auch erfüllen – und es ist ein erfülltes Gesicht, das uns dort erblickt, das uns erfreut, mahnt und auffordert. Es macht Mut und Zuversicht, auch alt werden zu wollen, wenn es denn gegeben ist – und Johannes Heesters wurde es Gott sei Dank gegeben und geschenkt.

Einführung

Die Neugier auf das Leben

„Das Phänomen Heesters" schrieb eine Zeitung anläßlich seiner Theaterpremiere in Berlin. Das war im Sommer 1996. Johannes Heesters war fast 93 Jahre alt.

Wie kann ein Mensch in diesem Alter einen ganzen Abend auf der Bühne stehen und das sieben Tage in der Woche über mehrere Monate?

Johannes Heesters kann. Auch heute noch mit inzwischen 95 Jahren. Denn er hat die körperliche und geistige Stärke dazu. Seine Arbeit gibt ihm Kraft. Aus der Herausforderung einer neuen Aufgabe schöpft er die Energie, diese große Anstrengung zu meistern.

Johannes Heesters ist eine beispielhafte Ausnahme. Aber wieso?

Wieso hat die Gesellschaft heute Angst vor dem Altwerden, vor dem Altsein? Was ist so beängstigend daran, das Leben von all seinen Seiten und all seinen Nuancen zu kennen, erfahren zu sein, „lebensweise" und gelassen? Vielleicht ist es auch gar nicht das, was uns Angst macht, sondern viel eher die Aussicht darauf, als alter Mensch an den Rand des Geschehens gedrängt zu werden. Nicht mehr eingebunden zu werden, nicht mehr dabei zu sein.
Der große Goethe (selbst fast 83 Jahre alt geworden) soll einmal gesagt haben: „Altwerden heißt, ein neues Geschäft zu beginnen." Damit war sicherlich nicht gemeint, daß der Mensch im Alter einen neuen Beruf zu erlernen hat. Viel eher muß man diesen Satz wohl in Beziehung zu einem neuen Lebensabschnitt setzen. Einem Lebensabschnitt allerdings, den man nicht einfach nur hinnehmen, sondern ihn vielmehr bewußt und aktiv erleben und gestalten sollte.

Wie aber fängt man das an in einer Zeit, in der die Jugend zum Leitbild stilisiert wird? In der mit großem Aufwand jugendliches Aussehen synthetisch konserviert wird. In der jeder schnell zum „alten Eisen" gehört, wenn er nicht in höchstem Maße beweglich und flexibel ist.

Was zählt, ist das Aktuelle, das Schnelle und das Neue – und oft ist auch das morgen schon veraltet und überholt.

Die hochgelobten Verdienste der Medizin, die menschliche Lebenserwartung immer weiter zu steigern, werden boykottiert, durch Vorruhestand und Frühberentung.

Mit Mitte fünfzig mehr oder minder unfreiwillig aus dem aktiven Berufsleben verstoßen zu werden, weckt bei vielen eine verständliche Angst und Unsicherheit vor der Zukunft, vor dem Altwerden. „Die Endlichkeit des eigenen Lebens" (Christoph Stölzl) wird immer bewußter und nimmt gedanklich immer mehr Raum für sich ein. Fehlende Herausforderungen ziehen zunehmende Passivität nach sich. Das Selbstwertgefühl läßt nach und statt neu genährt zu werden, wird es ersetzt durch das Gefühl überflüssig zu sein – und nicht mehr erwünscht.

Während Weisheit und Erfahrung in früheren Zeiten wichtige gesellschaftliche Werte darstellten, von denen die Jugend profitieren konnte – und auch wollte – , scheint heute der Dialog zwischen den Generationen verstummt zu sein. Womöglich liegt es daran, daß auch die Jüngeren immer früher und immer

Photographie Stefan Moses

mehr in den Strudel der Schnellebigkeit geraten und damit dem fatalen Wertewandel der modernen Gesellschaft nichts entgegnen. Im Gegenteil: Tradition, Herkunft, Erziehung und Erfahrung werden mehr und mehr entbehrlich.
Was fehlt, ist Zeit. Der Moment des Innehaltens und der Rückbesinnung.

Dies ist ein Aspekt, zu dem dieses Buch möglicherweise einen kleinen Beitrag zu leisten vermag. Die Fotografien mit der Zeit zu betrachten, läßt vielleicht den einen oder anderen Gedanken über die eigenen Wertigkeiten im Leben aufkeimen.

Darüber hinaus setzen die hier gezeigten Bilder einen Kontrapunkt zum Jugend- und Schönheitswahn des ausgehenden zwanzigsten Jahrhunderts. Denn Johannes Heesters demonstriert genau das Gegenteil: die Freude am Älterwerden nämlich – und am Altsein. Jede Falte in seinem Gesicht zeugt von Weisheit und Erfahrung.

Sicher ist es nur wenigen Menschen vergönnt, in diesem hohen Alter noch ihren Beruf auszuüben. Meist sind es künstlerische Laufbahnen, die diese Möglichkeit offenhalten: Schauspieler, Schriftsteller, Maler und Bildhauer, Komponisten und Dirigenten setzen sich nicht zur Ruhe. Und genau darum geht es: sich nicht „zur Ruhe“ zu setzen. Oder um es mit den Worten Johannes Heesters’ zu sagen: „Wer zu Hause sitzt und nichts tut, wird alt.“ Der Mensch braucht Aufgaben und Herausforderungen, unabhängig davon, wie alt er ist.

Johannes Heesters lebt es vor. Er spielt Theater, ist zu Gast in Fernsehshows, nimmt neue CDs auf, bekommt Preise und Auszeichnungen. Die Liebe seiner Fans ist ungebrochen – und generationsübergreifend. Heesters ist, wie man so schön sagt, „dran geblieben.“ Humorvoll und energisch und mit einer Lebendigkeit, die jeden Mittdreißiger erblassen läßt. Er hat sich die Neugier auf das Leben bewahrt und die Offenheit für Neues.
Und nur so kann es gelingen, die Verbindungen zwischen den Generationen wieder herzustellen und am Leben zu erhalten. Der Austausch von Gedanken und Gefühlen zwischen Jung und Alt darf weder von der einen noch von der anderen Seite verweigert oder vernachlässigt werden. Denn – und damit sei noch einmal Goethe zitiert – „wenn du sehr alt werden willst, mußt du beizeiten anfangen.“

Beatrix Ross

◄192

1992

„Natürlich denke ich über Krankheit und Tod nach. Was aber eigentlich zählt, ist das Leben. Die Gegenwart."

„Der weiße Schal" 1988.

Simone Rethel:
„So mag' ich ihn."

Oft sind es die „Unperfektheiten" im Leben, die einen Augenblick so besonders machen. Ein offener Hemdknopf, zum Beispiel.

Frühling

Sommer

Winter

In Florenz, 1992.

Dazwischen liegen drei Generationen,
fast ein Jahrhundert: Jopie Heesters mit
Nachbars Töchterchen Helen.
Sie 4 Monate. Er 94 Jahre.

„Oft sitz' ich allein auf meiner Terrasse.
Der Wind singt sein Lied,
und ich träum' vor mich hin ...
Die Zeit bleibt dann stehen.
Und dann sehe ich noch einmal all die
Bilder, die einst wichtig waren,
wie im Film vorüberziehen."

(Aus: „Die Kraft meines Lebens")

Dann nehm' ich …

… eine kleine Zigarette …

… und blas' die Wölkchen vor mich hin.

aus: Der Orlow, Operette von B. Granichstaedten

Simone Rethels Lieblingsbild.

DU TROCADERO
CAFE DU TROCADERO

Paris im Sommer 1995.

Ähnlichkeit.
Johannes & Johannes.
Enkel und Großvater.

(heute ...

... und vor 70 Jahren)

Wien im Winter 1996. Foto-Shooting.
Johannes Heesters hebt die Altersgrenze für Models auf.
Eleganz ist eben unvergänglich.

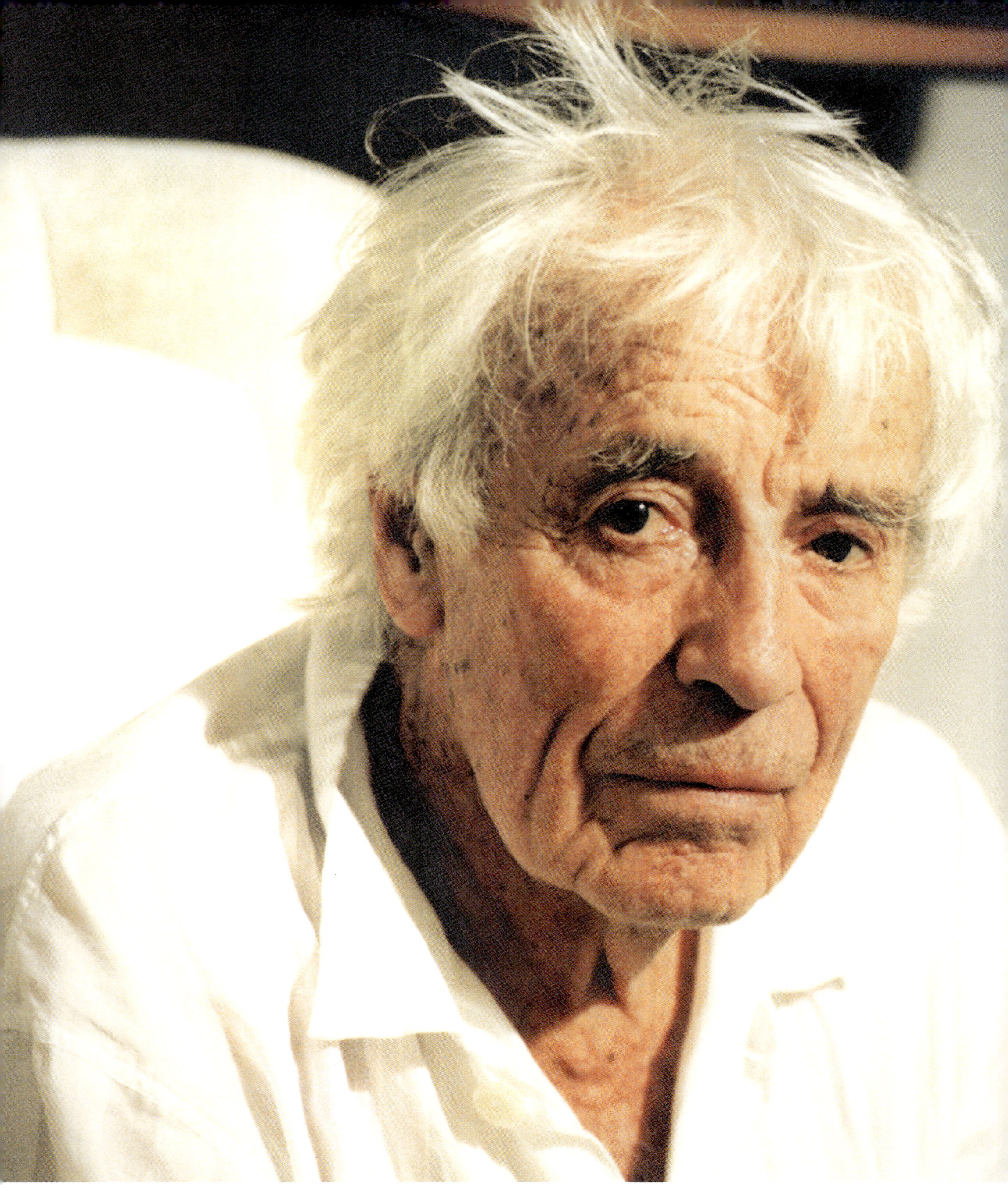

... nach der Vorstellung ...

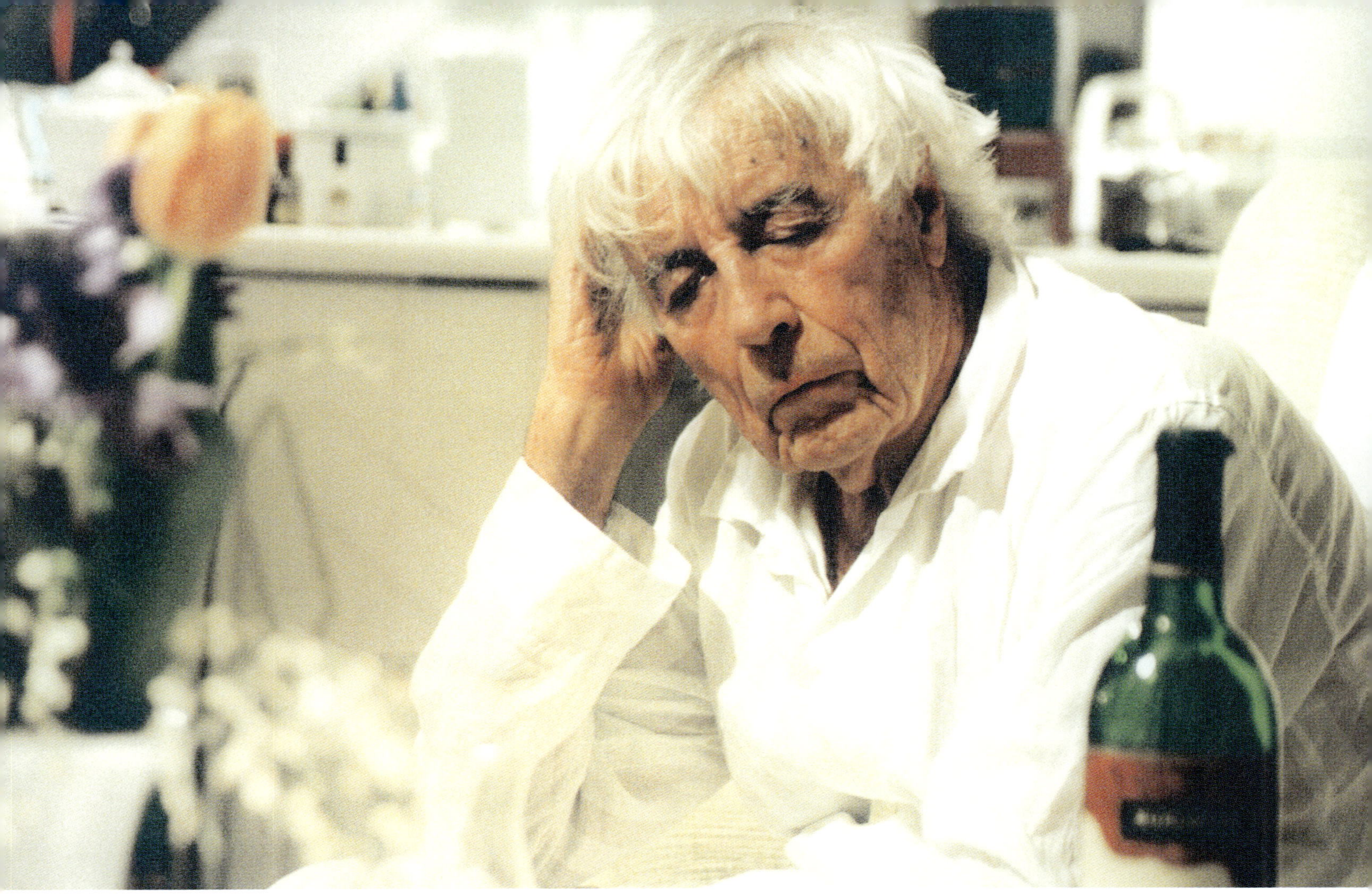

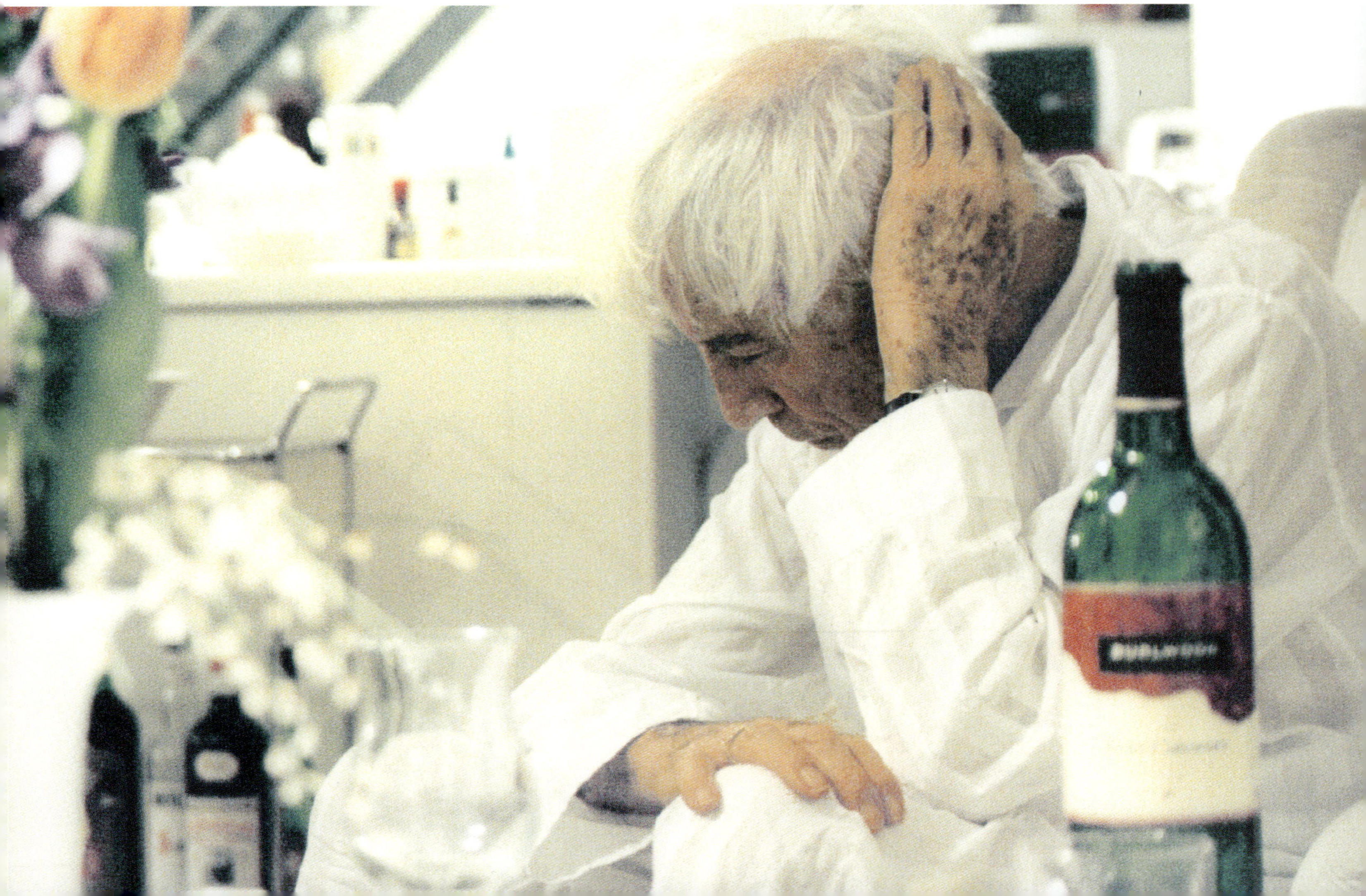

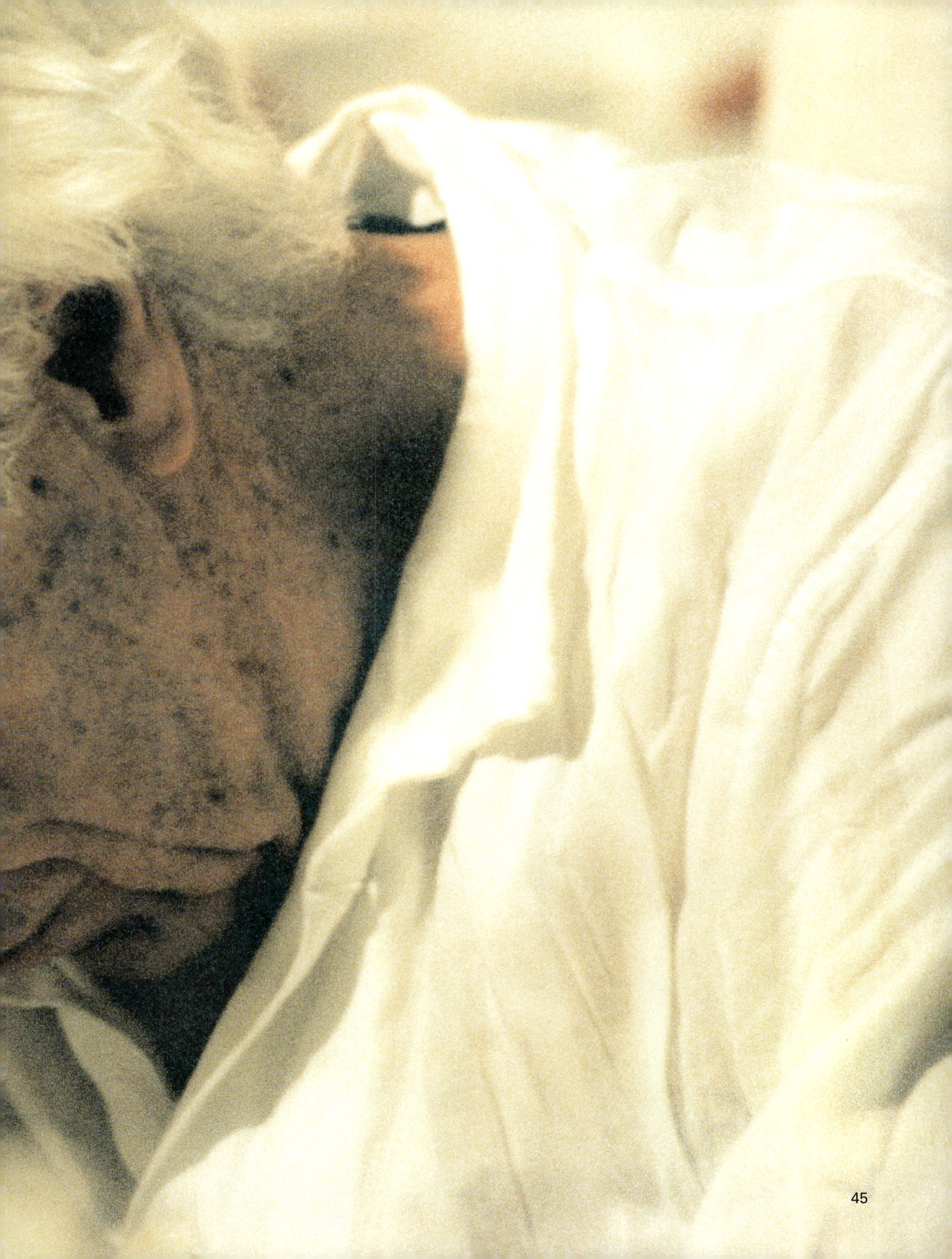

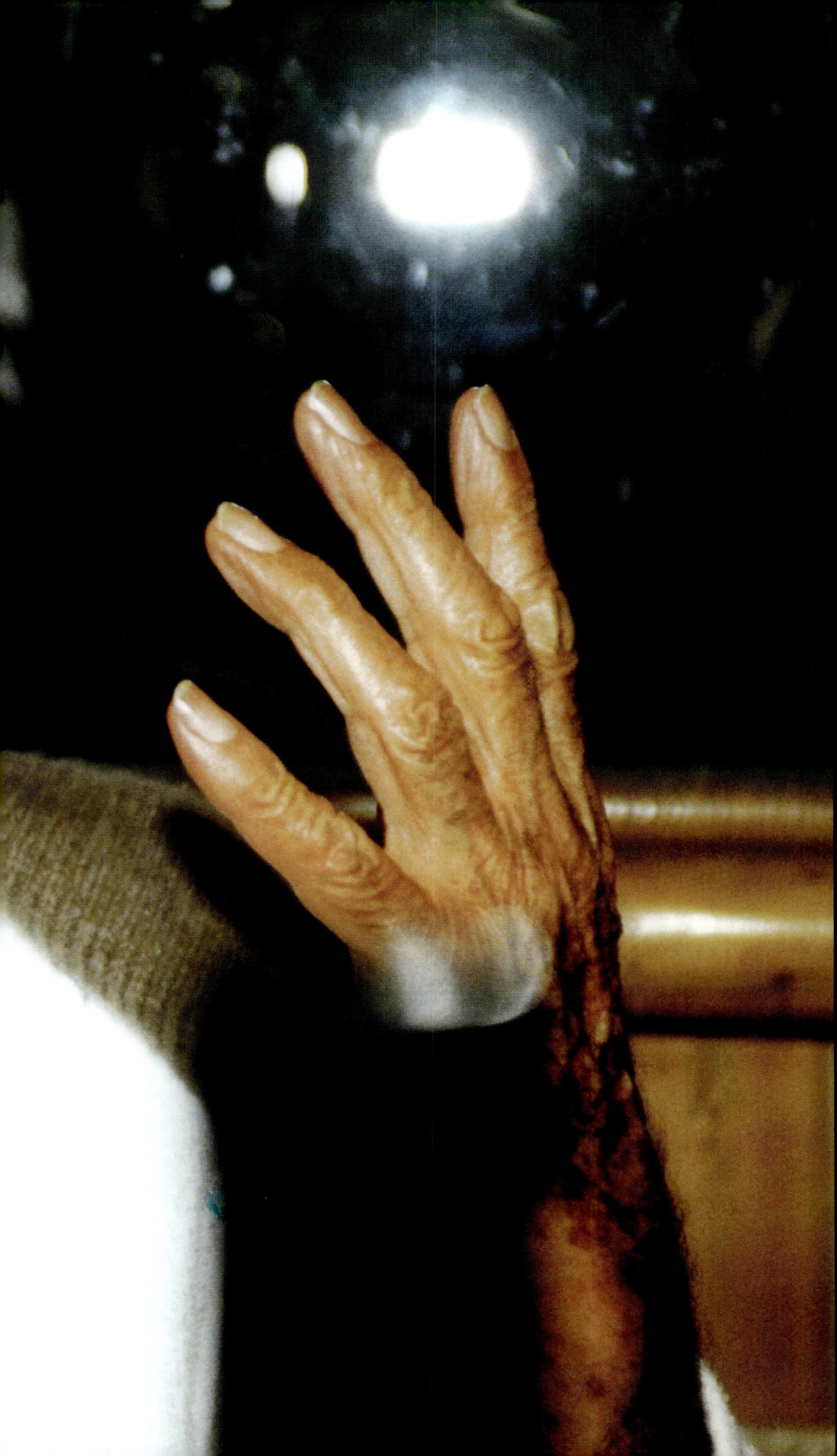

8

Am Franz-Lehár-Kai in Bad Ischl vor dem Haus des Komponisten (1993). Unzählige Male spielte Johannes Heesters den Danilo in Lehárs „Die lustige Witwe“ und Lehár sagte: „Herr Heesters, Sie sind mein bester Danilo.“

Lebensgefühl – JA!

Lebensgefühl – JA.

Für sich.

Wie kurz ist die Karriere einer Tänzerin – und wie hart der Weg dorthin. Vor den jungen Frauen und Männern, die sich für diesen schweren Beruf entscheiden, hat Johannes Heesters höchsten Respekt.

„Dem Himmel sei Dank dafür,
daß er die kleinen Mädchen wachsen läßt!“

(aus dem Musical „Gigi“)

„Lange genug war mein Scheitel stets tadellos. Jetzt darf ich auch 'mal wuschelig sein."

Zigarettenpause

Warten.

Schönheit im Alter

Im Gespräch.
„Ich lebe heute. Was hinter mir liegt, ist vorbei. Ich arbeite."

Nachts an der Bar.
Gespräche, Genuß und Glenfiddich.

„Meine Bilanz
ist auch im zehnten Jahrzehnt meines
Lebens noch nicht fertig.
Ich danke Gott,
daß er mich bis jetzt richtig geführt hat.
Ich sage: Das Leben ist schön."

Mit vierundneunzig zum ersten Mal
in Griechenland.

„Kali mera. Guten Tag."

Abend-Sonne.

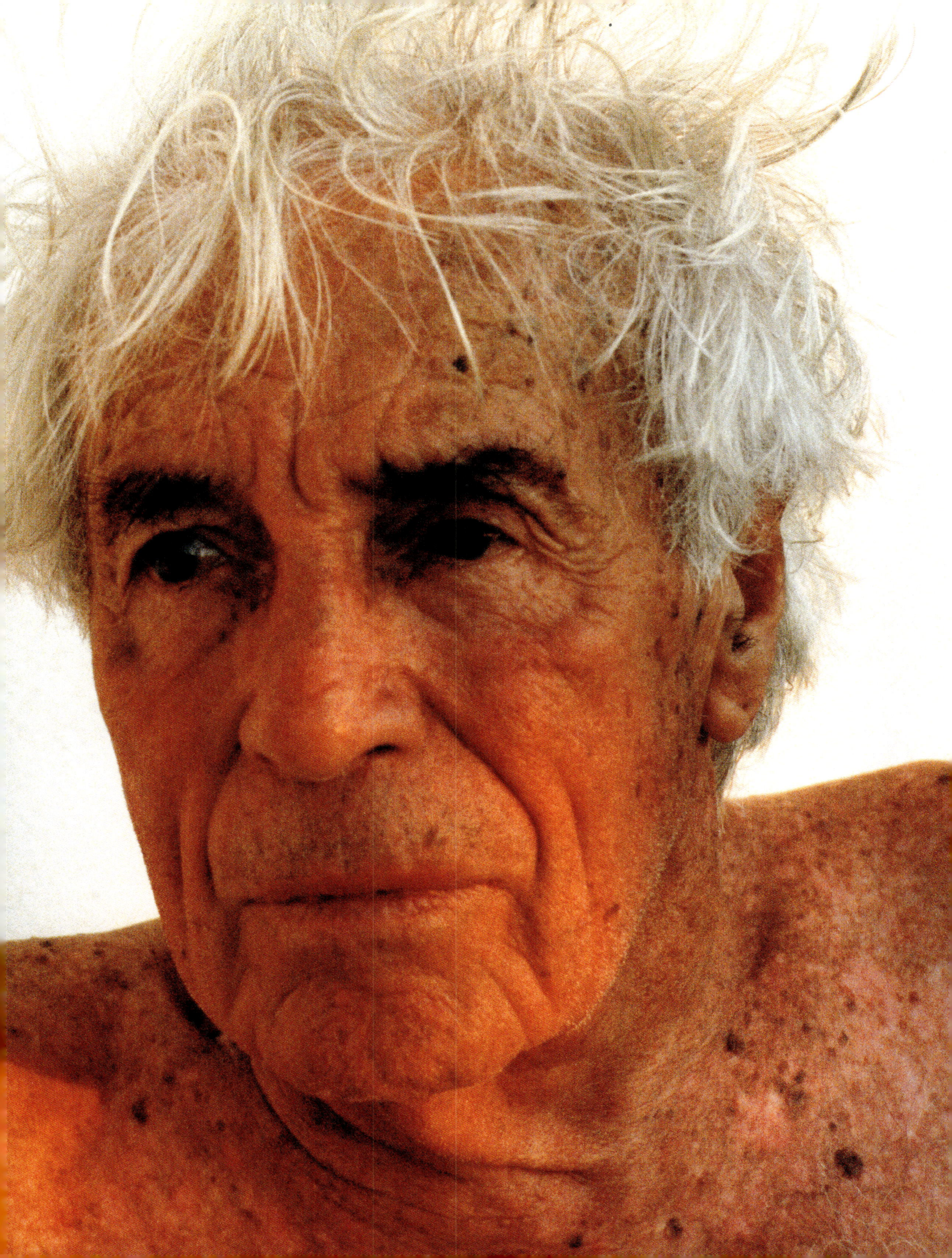

Jopies Lieblingsplatz im Garten –
bei der alten Buche

Johannes Heesters

Geboren am 5. Dezember 1903 im niederländischen Amersfoort als jüngster von vier Söhnen. Sein voller Name: Johan Marius Nicolaas Heesters. Nach Beendigung seiner Schulzeit wollte er ursprünglich katholischer Geistlicher werden, macht dann jedoch eine Lehre in einem renommierten Bankhaus.

An seinem 16. Geburtstag besucht er mit seinem Vater eine Theateraufführung und faßt den Entschluß, Schauspieler zu werden. Nach einer Gesangs- und Schauspielausbildung steht Heesters 17jährig in Amsterdam zum ersten Mal auf der Bühne. Es folgen Engagements an Sprechbühnen in Den Haag, Brüssel und Rotterdam, Heesters spielt die großen Klassiker der Theaterliteratur.

1924 dreht er seinen ersten Film, den niederländischen Stummfilm Cirque Hollandais.

1930 heiratet Johannes Heesters die belgische Schauspielerin Louise H. Ghijs, mit der er bis zu ihrem Tod 1985 verheiratet ist. Beide Töchter treten später in die künstlerischen Fußstapfen der Eltern; Wiesje als Pianistin, Nicole als Schauspielerin.

1923 übernimmt der Schauspieler seine erste Gesangsrolle in Strindbergs „Traumspiel". Es folgen diverse Operetten, wie „Walzertraum" (O. Straus), „Dreimäderlhaus" (F. Schubert) und „König der Vagabunden" (R. Friml). Von seinem Erfolg hört man auch in Wien, der Hauptstadt der Operette, und holt Heesters an die Volksoper, wo er 1934 mit Millöckers „Der Bettelstudent" debütiert. Presse und Publikum jubeln: Johannes Heesters wird zum Liebling der Wiener. Er gastiert danach in Salzburg, Innsbruck und Graz.

1936 folgt dann mit einem Engagement bei der Ufa Babelsberg der Wechsel nach Berlin. Seine erste Rolle ist wiederum „Der Bettelstudent". Es folgen zahlreiche Filme wie beispielsweise „Gasparone", „Nanon", „Hallo Janine", „Rosen in Tirol", „Immer nur Du", „Die Fledermaus" – und „Illusion". Lange Zeit soll dies sein Lieblingsfilm bleiben und erst Mitte der 50er Jahre durch „Bel ami" abgelöst werden. Diesen eher ernsten Film sieht Johannes Heesters als Höhepunkt seines künstlerischen Filmschaffens.

1942 wirkt Heesters in Berlin bei ersten Fernsehversuchen mit. Im gleichen Jahr spielt er in der Uraufführung der Operette „Hochzeitsnacht im Paradies", 1948 gastiert er wieder in Wien, diesmal am Theater in der Josefstadt in dem Schauspiel „Lied der Taube".

Während der ersten Nachkriegsjahre singt und spielt Johannes Heesters in Wien, München und Berlin, unter anderem die Operetten „Der Graf von Luxemburg", „Zarewitsch" und „Die lustige Witwe". Graf Danilos Lied „Heut geh' ich ins Maxim" wird durch Heesters zum Evergreen. Einen ähnlichen Erfolg feiert er mit dem Musical „Gigi".

1953 engagierte ihn Otto Preminger nach Hollywood. In dem Film „Die Jungfrau auf dem Dach" spielt Heesters die Rolle, welche in der amerikanischen Fassung „The Moon is Blue" von David Niven verkörpert wurde.

In den 60er und 70er Jahren ist er in zahlreichen Fernsehfilmen, Theateraufzeichnungen und TV-Shows zu sehen. 1982 überzeugt er neben Carl Heinz Schroth in der Verfilmung von Neil Simons „Sonny Boys". 1982 stiftet das Theater an der Wien den Johannes-Heesters-Ring. 1986 geht Heesters mit einer Paraderolle als alternder Casanova in „Casanova auf Schloß Dux" auf Tournee.

Johannes Heesters spielt immer mehr Sprechrollen, die teilweise eigens für ihn geschrieben werden – bis heute. Seit Sommer 1996 steht er in Curth Flatows „Ein gesegnetes Alter" auf der Bühne, begeistert sein Publikum in Berlin, Düsseldorf, Wien, Dresden, Hamburg, München, Frankfurt, Bochum …

Trotz aller Erfolge war und ist Johannes Heesters ein Star ohne Allüren, eine Persönlichkeit, die nichts von ihrer Anziehungskraft eingebüßt hat, ein Künstler, der es nach wie vor versteht, das Publikum in seinen Bann zu ziehen.

1992 heiratet Johannes Heesters die Schauspielerin Simone Rethel.

Die Deutsche Bibliothek – CIP-Einheitsaufnahme
Rethel-Heesters, Simone: Schönheit des Alters.
Johannes Heesters fotografiert von
seiner Ehefrau Simone Rethel-Heesters/
Simone Rethel-Heesters
1. Auflage – Nürnberg: Burgschmiet: 1998
ISBN 3-932234-26-X

ISBN 3-932234-26-X – 1. Auflage 1998
© 1998 by Burgschmiet Verlag GmbH,
Burgschmietstraße 2–4, 90419 Nürnberg

Alle Rechte vorbehalten.

Alle Fotos © Simone Rethel-Heesters

Gesamtproduktion:
Alinea Editions- und Medienservice GmbH, München

Printed in Germany